古代人的一天

侠客的一天

One Day of the Chinese Assassins

段张取艺工作室　著／绘

中信出版集团 | 北京

图书在版编目（CIP）数据

侠客的一天 / 段张取艺工作室著绘 . -- 北京 : 中信出版社 , 2019.10（2024.11重印）
（古代人的一天）
ISBN 978-7-5217-0951-3

Ⅰ . ①侠… Ⅱ . ①段… Ⅲ . ①侠客 - 列传 - 中国 - 古代 - 青少年读物 Ⅳ . ① K828.9-49

中国版本图书馆 CIP 数据核字（2019）第 183015 号

侠客的一天
（古代人的一天）

著 绘 者：段张取艺工作室
出版发行：中信出版集团股份有限公司
（北京市朝阳区东三环北路27号嘉铭中心　邮编　100020）
承 印 者：北京尚唐印刷包装有限公司

开　　本：787mm × 1092mm　1/8　　印　　张：7.5　　字　　数：100千字
版　　次：2019年10月第1版　　印　　次：2024年11月第16次印刷
广告经营许可证：京朝工商广字第8087号
书　　号：ISBN 978-7-5217-0951-3
定　　价：45.00元

出　　品：中信儿童书店
策　　划：神奇时光
策划编辑：韩慧琴
责任编辑：李苑苑
营销编辑：李梦淙
封面设计：奇文云海
内文设计：李亚熙

服务热线：400-600-8099
投稿邮箱：author@citicpub.com

前言

一天，对于今天的我们，可以足不出户，也可以远行万里；可以柴米油盐，也可以通过网络了解全世界。那么，一个有趣的想法冒了出来：古代人的每一天会怎么过？我们对古代人的了解都是通过史书上的一段段文字和故事，从没有想到他们的一天会是什么样的。他们是不是也和我们一样，早上起来洗脸刷牙，一日吃三餐；晚上，他们会有什么娱乐活动呢？基于这样的好奇心驱使，我们开始进行创作，想把古代人一天的生活场景展现在孩子们面前。

我们进行“古代人的一天”系列书的创作时，以古代人的身份（或职业）来进行分类，有皇帝、公主、文臣、武将、侠客、画家、医生、诗人等等。每种身份（或职业）有着不一样的生活、工作。比如，皇帝早上究竟几点钟起床？起床后他会先工作还是先吃饭？他一天要做哪些工作？他的娱乐生活是什么？公主的早上需要花多长时间梳妆打扮，她一天的生活与现代女性的有什么不同？她会花时间读书写字吗？她是练习琴棋书画，还是忙着参与朝政？侠客为什么要行刺？行刺前会制订计划吗？如何选择行刺时机和地点？他的一天究竟是怎样度过的？

然而，古代人的一天是无法回溯的，古人对时间的感受也和我们不一样，为了帮助孩子们更好地理解古代人的一天是如何度过的，我们在丰富的历史资料的基础之上，架构了古代人的一天。

我们在创作中精细地设计了时间线。书中的“一天”是故事从开始到结束整个过程的所有时间，不是严格的从 0 点至 24 点完整的 24 小时的自然时间，书中贯穿每个人物一天生活和工作的时间线，也不是按照等分来规定每个小时的长度，时间线的创意设计是为了帮助读者更好地了解故事发展脉络。

在《侠客的一天》中，我们聚焦在侠客这个豪迈而传奇的职业上，从侠客行事的动机出发，孩子们将发现侠客中有为民除害的勇士和侍主报恩的忠臣，他们在复杂多变的历史政治舞台上或施展自己的武艺与谋略，或造福一方百姓，或杀死一人以救千万人，如蝴蝶效应般影响历史的走向。孩子们从《侠客的一天》中窥探到侠客们悲壮又传奇的一生，从而看见历史羽翼下小人物抗争的缩影。

在创作《侠客的一天》的具体内容时，需要对一些历史事件进行浓缩来使得一天的内容更为紧凑、丰富，我们借鉴了郭沫若先生在创作《屈原》和《蔡文姬》时所采用的手法，把精彩的故事浓缩在一天来表现，这也是为了让孩子们更好地去理解历史。

希望我们的努力能让“古代人的一天”成为孩子们喜欢的书，能让孩子们从一个新的视角去看待我们的历史，从而喜欢上中国历史故事。

张卓明

2019 年 8 月

目录

侠客是人类历史中的一种特殊身份，有时也被称为刺客，是用武器对某个目标人物实施谋杀的人。春秋战国时期的侠客，其行刺动机往往是因为感激委托人的恩德而去实施行刺计划，带有侠义精神。大部分刺杀事件背后的动机一般离不开政治因素或是私人恩怨。

侠客的行动一般非常隐秘，往往事先研究行刺对象，制订刺杀计划再展开行动。就像李白在《侠客行》中所说的那样：“十步杀一人，千里不留行。事了拂衣去，深藏身与名。”让我们来看看古代侠客的故事，揭开侠客这个古老职业的神秘面纱吧！

荆轲
如果不做侠客，我会去周游列国。

王著
我本职千户，是个有工作的人。

张汶祥
如果不做侠客，我想回乡下种地。

专诸的一天

专诸，春秋时期吴国堂邑（今江苏省南京市六合区）人，身手十分勇猛，一般人都无法打赢他。吴国的公子光一直筹谋夺取吴王僚的王位。公元前 522 年，公子光结识了逃难到吴国的楚国贵族伍子胥，后来，伍子胥向公子光推荐了勇士专诸，来帮他刺杀吴王僚，实现他的野心。

专诸！快回来！
好的。
别让我再看见你们！
救命呀！
哎呀！
快跑！

卯初（5:00）
密谋

吴王僚喜欢吃烤鱼，公子光对吴王僚说，自家府上有一个厨师擅长烤鱼，特意设宴请他来府上品尝。吴王僚答应今天来公子光府上吃鱼，这是一个刺杀吴王僚的好机会。公子光、伍子胥和专诸仔细推演着刺杀吴王僚的计划，研究每一个细节，力求万无一失。

刺杀吴王僚

公子

春秋战国时期的公子一般是指诸侯的儿子。

卯初二刻（5:30）
行刺得有利器

公子光拿出一把匕首递给专诸，寒光闪闪，十分锋利，一看就知道是把好匕首。

卯初三刻（5:45）
冥想

刺杀行动即将开始，专诸手里拿着匕首，坐下来试着放空自己，让自己进入到忘却一切的状态。

卯正一刻（6:15）
热身

专诸活动了一下身子，让紧张的肌肉放松下来。

辰初（7:00）
埋伏

公子光命令自己手下的士兵全副武装，然后埋伏在密室中，又让伍子胥率一百个勇士在外面接应。

巳正二刻（10:30）
烤鱼

准备好材料之后，专诸开始烤鱼。

专诸烤鱼

为了刺杀吴王僚，专诸特意去太湖边学烤鱼的方法。后人把他奉为“厨师之祖”，恐怕专诸也没想到他死后会得到这个荣誉。专诸烹制的鱼色泽金黄，外酥里嫩，甜中带酸，鲜香可口，也是现在苏杭一带的名菜糖醋鱼的“原型”。

午初（11:00）吴王僚来到公子光家

公子光安排妥当之后，吴王僚也带着卫队浩浩荡荡地来到他家中，卫队从王宫一直排列到公子光的家里，卫士们手持长戈，戒备森严。

多穿点衣服以防万一

赴宴之前，吴王僚的母后怕他出意外，便叮嘱他要穿三层铠甲，然后在外面罩上袍服。

皮甲

春秋时期的铠甲多以皮革为原材料制成，其防护效果并不理想。

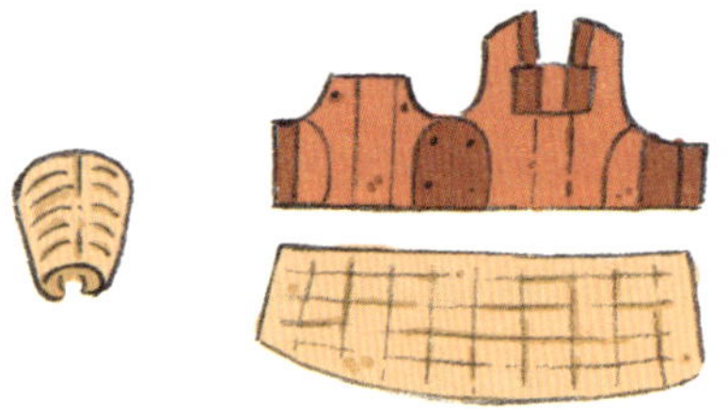

午初二刻（11:30）宴席开始

大事不妙。公子光发现给吴王僚上菜的人被要求脱光衣服。

午正（12:00）
怎么办

公子光假装脚有毛病从宴会中出来，急忙找专诸商量，专诸灵机一动决定把匕首藏在鱼肚子里。

午正二刻（12:30）
专诸上菜

专诸按要求脱去衣服，端着盛鱼的鼎，来到殿上为吴王僚上菜。

午正二刻（12:35）
刺杀吴王僚

吴王僚命令专诸走上前来，专诸将鱼恭恭敬敬地放在桌上，突然伸手将鱼掰成两半，从鱼的肚子里飞快地抽出匕首向吴王刺去。匕首锋利无比，刺穿了吴王僚身上的三层皮甲，吴王僚当场毙命。

刺杀计划成功

公元前 515 年，公子光派专诸刺杀吴王僚，成功夺取吴国的王位。这一段故事还成为中国京剧传统剧目《刺王僚》的来源。

公子光的伏兵杀了进来。
冲进去，杀死他们！
怎么办！怎么办！
赶紧躲起来！
糟糕！武器拿反了。

吴王僚被匕首刺中，当场身亡。
跟我走。
专诸被吴王僚的卫队杀死。
保护王上！
看不见我，
看不见我。

豫让的一天

豫让，春秋时期晋国人。他一直不得志，投靠晋国正卿（执政大臣）智伯后，才受到重视。后来智伯被政敌赵襄子所杀，不仅如此，赵襄子还拿他的头骨做成酒杯。豫让十分愤怒，决定要为智伯报仇。“士为知己者死，女为悦己者容”这句话便是出自豫让之口。

杀人啦！
出什么事了？

未正（14:00）寻找机会

赵襄子命令犯人修整家中的厕所，豫让趁机混入犯人之中到赵襄子家里，寻找刺杀他的机会。

古时候的各种上厕所的工具。

未正三刻（14:45）行刺机会来了

豫让守株待兔，在房顶埋伏，等待着赵襄子来上厕所。

申初（15:00）行刺失败了

赵襄子准备进厕所时，豫让朝赵襄子纵身一跃，被士兵挡住，刺杀失败。豫让被俘。

申初一刻（15:15）饶他一次

赵襄子审问豫让时，豫让直言他就是来为智伯复仇的。赵襄子被他的忠义所感动，没有为难豫让，让手下的士兵把他放走了。

糟糕的易容术

第一次行刺失败后，豫让剃掉头发，再把漆涂在身上，使皮肤受到刺激后溃烂，全身都长了癞疮。他又弄哑了嗓子，彻底改变自己的形象，然后想寻求机会再次刺杀赵襄子。

小朋友千万不要尝试。

漆

漆树产生的树脂，容易引起皮肤过敏、长疮。

即使漆身吞炭也能被认出来

豫让改变了自己的外貌后，连他的老婆都没认出来，却被他的一个朋友认出来。朋友问他，你为什么不去投靠赵襄子，先取得他的信任再伺机刺杀他。豫让觉得像朋友说的那样做有悖道义，他没同意。

次日｜巳正（10:00）
埋伏在桥下

豫让探听到赵襄子外出必经的桥，于是埋伏在桥下。

巳正三刻（10:45）
惊马

赵襄子一队人马过桥的时候，马突然受惊。赵襄子怀疑有人行刺，派人四处查看。

第二次刺杀行动

午初（11:00）
豫让被发现了

赵襄子的手下经过一番搜寻后，果然在桥下发现了鬼鬼祟祟的豫让。

午初一刻（11:15）
讨要衣服，刺杀结束

赵襄子一再放过豫让，豫让觉得自己无法再向他复仇，于是乞求借他的衣服一用。豫让用剑刺了几次赵襄子的衣服后，便用剑自杀了。当地的百姓听闻豫让的事迹后，都掩面哭泣。

斩衣三跃

豫让谋刺赵襄子未遂，拔剑跳起来三次击斩其衣，以示为智伯报仇，这就是成语“斩衣三跃”的由来。

朱亥的一天

朱亥，战国时期魏国的勇士，隐居于市井之间，在魏国都城大梁做一名屠夫。他经过侯嬴的推荐成为信陵君的上宾。公元前 257 年，秦昭襄王嬴稷派兵围困了赵国都城邯郸，赵王派人到魏国向魏王和信陵君求救。

围困赵国的秦国大军

赵国派人向魏国求援。
君上，我们只怕撑不了多久，城门就会被攻下。
平原君
末将已经派人前往魏国求援了。
你怎么把箭射出去了！
好险！好险！差点中箭！

虎符

虎符是古代皇帝授予臣子兵权和调兵遣将用的信物，用青铜做成虎形，分为两半，其中一半交给地方官吏或统兵将帅，另一半留在中央。只有两个虎符合并使用时，持符者才可获得调兵遣将权。

子初一刻（23:15）
魏王不肯发兵救赵

原来魏王收到了秦国的威胁信，魏王很害怕秦国来攻打魏国，立即派人传令给晋鄙，让前去救援赵国的大军驻扎在邺城，静观其变。

子正一刻（00:15）
盗取虎符

魏王有一个很宠爱的妃子叫如姬，信陵君之前帮助她报了杀父之仇。为了报答信陵君，她偷出了魏王的虎符。

寅初（3:00）
虎符终于取来了

侯嬴和信陵君一起在等人来送虎符，如姬托人送来了虎符，信陵君十分高兴。

寅初一刻（3:15）
出发时要带上朱亥

信陵君准备出发，侯嬴叫住了他。他认为信陵君即便带了虎符去，晋鄙也不一定会轻易交出兵权。侯嬴要信陵君请朱亥陪他一起去，朱亥勇武，要是晋鄙不交出兵权，就让朱亥伺机杀了他，夺取兵权。

卯初（5:00）
朱亥家来了两个客人

朱亥正准备杀猪，看到信陵君和侯嬴急匆匆地走了过来。他心想，肯定发生什么大事了。

卯正（6:00）
帮我去夺兵权

信陵君说明来意之后，朱亥毫不犹豫地答应了他的请求。

朱亥的大锤子

朱亥带了一把四十斤重的铁锤在身上，并且把它藏在自己的袖子里。

卯正二刻（6:30）出发去军营

朱亥和信陵君赶紧驱车前往驻扎在邺城的魏国大军军营。

午初一刻（11:15）到达军营

赶了几个小时路后，信陵君和朱亥终于来到了魏国大军的军营。

午初二刻（11:30）
虎符在此，晋鄙听令

两人进入晋鄙帐中，信陵君拿出虎符，假传魏王的命令，要求晋鄙交出兵权。

晋鄙居然不买账

晋鄙见到兵符后，并没有打算交出军队，对信陵君说："我现在手握十万大军，是魏王信任我，你现在单凭一个虎符就想接替我统领魏国大军，我不相信大王会下这种命令"。

午初三刻（11:45）
一锤锤死你

还没有等信陵君开口，朱亥当机立断从袖筒中掏出了事先带来的四十斤重的铁锤，出身屠夫的他臂力惊人，用锤子敲死了晋鄙。

未初（13:00）
出兵救赵

信陵君接替晋鄙统领魏国的军队，整顿完军队后，他带领魏国军队前去救援赵国。

信陵君的结局

信陵君解除了赵国的邯郸之围，立下了大功。信陵君也因此战名扬诸侯国。此后十年，信陵君一直滞留在赵国，直至秦国出兵魏国，他才赶回魏国率军迎战。

荆轲的一天

荆轲，战国时期卫国人，喜欢读书和击剑，曾经周游列国，公元前 227 年，燕国太子姬丹害怕秦国攻打燕国，于是秘密策划刺杀秦王。太子姬丹听说荆轲任侠好义，恳请荆轲来担此重任。于是，荆轲怀着必死的决心，准备前往秦国。太子姬丹在易水边为荆轲送行。

荆轲在此拜别！
诸位保重！
荆轲
秦舞阳

故事前传

先生什么时候走

王翦率领的秦国大军灭了赵国后，快到燕国的边境了，太子姬丹很害怕，于是请求荆轲早日启程去秦国刺杀秦王，并为他准备了三个“宝物”。

徐夫人的匕首

太子姬丹早就开始寻找天下最锋利的匕首。他找到赵国徐夫人的匕首，花百金买下它，让工匠用毒水淬它，被匕首刺中的人只要出一滴血，立刻会死。

见秦王，总得有个见面礼

荆轲认为见秦王得有个理由吧，于是提议把秦国叛将樊於期的头颅和燕国督亢地区的地图献给秦王，当作觐见的借口。太子姬丹不忍心向樊於期提出如此残忍的要求，荆轲便自己跑去和樊於期说。樊於期对秦王暴政深恶痛绝，欣然同意。

地图和装头颅的盒子

易水送别

太子姬丹派了一名燕国勇士秦舞阳给荆轲做助手，荆轲不以为然。他想等一个朋友来了再走。荆轲的另一位朋友高渐离来到易水边击筑为他送行。荆轲唱歌与他相和。之后，荆轲出发前往秦国。

巳初（9:00）
觐见秦王

经过秦王宠臣蒙嘉的引见，荆轲和秦舞阳带着樊於期的头颅和督亢地图来到了咸阳宫，他们受到了秦王隆重的接待。

巳初一刻（9:15）
不靠谱的秦舞阳

秦舞阳突然面色苍白、浑身发抖。秦王便让荆轲自己将樊於期的头颅和督亢地图呈上去。荆轲从秦舞阳手里接过装头颅的盒子，上去献给秦王。秦王打开木盒，果然是樊於期的头颅，他十分高兴。又叫荆轲呈上地图。

巳初二刻（9:30）
图穷匕见

荆轲把卷起的地图缓缓打开，直到图穷匕见。荆轲一只手抓住秦王的袖子，另一只手抓住匕首，便向秦王刺去。

医官夏无且

赶紧去救驾!
进去就是死罪啊!

秦王大惊，抽身跳起。
大臣们被突如其来的刺杀事件吓呆了，一下子都反应不过来，不知如何是好。
没有大王命令，你不能上去。

抓住他!
我……

侍卫们，快快来救驾啊！
众侍卫没有收到进殿的命令，只能在殿外干着急。
没有大王的命令，怎么办！

大王快跑！
大王拔剑！
大王！我来救你！
救命！
我打死你！
秦舞阳被几位大臣死死摁倒在地上。

剑太长了，拔不出来

荆轲拿着匕首，追着秦王绕着柱子跑，秦王的剑太长，情急之时拔不出来。

大家一起干着急

大臣们都很着急，又没有秦王的命令，不得上前，只能在底下大喊，助秦王躲避危险。

我砸

侍从医官夏无且拿药箱砸过去，阻碍了荆轲追击的脚步，秦王才得以与荆轲拉开一段距离。

秦王把剑挪到背后
终于把剑拔了出来

砍死你

秦王持剑一下刺中了荆轲的腿，荆轲因伤摔倒在地上。

飞刀！最后一搏

荆轲没办法了，只好做最后一搏，把匕首朝秦王扔去。秦王一闪，匕首插在了柱子上。

巳初三刻（9:45）
行刺失败

荆轲倚着柱子大笑。这时，殿外的侍卫们接到命令冲上前来杀死了荆轲，而秦舞阳也被侍卫砍杀于朝堂。

刺杀不成功，后果很严重

事后秦王大怒，命令大将军王翦攻打燕国。燕王很害怕，听从谋士的建议，杀死了太子姬丹向秦国求和，但最终还是改变不了亡国的命运。公元前 222 年，燕国被秦国所灭。

王著的一天

王著是元朝益都（今山东省青州市）的千户，疾恶如仇。1282 年，元世祖至元十九年，平章政事阿合马专权，把选拔任用官员的权力握在自己手里，贪婪骄横，人们对阿合马充满怨恨。王著想刺杀阿合马，为天下人除害。

千户：元代千户为世袭军职，统百户，隶属万户。

阿合马
滚开！
大人，可怜可怜我们吧！
你们居然敢在中书省门口乱涂乱画！

行刺机会来了

至元十九年（1282 年）三月，太子真金随从元世祖忽必烈从京城去上都。这给王著刺杀阿合马创造了机会。他派人找了一个体形、长相和太子相似的人，打扮成太子的模样，在城外等候。

巳初二刻（9:30）开始实施计划

王著和僧人高和尚密谋刺杀阿合马。他们假称太子回京城参加佛事，集结了八十多个人，命两个僧人去中书省传令，让中书省帮忙采买供奉神佛的用品。

未初（13:00）假传太子旨意

王著伪造了太子的旨意，又派人送给枢密副使张易，请他晚上派兵在东宫前集合以保护太子，营造太子要回宫的氛围，让阿合马上当。

去枢密院传旨的僧人

未初二刻（13:30）张易上当了

张易没有察觉其中有假，就命令指挥使颜义领兵前去东宫。

元宝

元代称金银钱为元宝，是元朝之宝的意思。

申初二刻（15:30）再骗一下

王著自己骑马去见阿合马，诈称太子将要回来，说太子命令中书省的官员晚上全部都在宫门前等候。

阿合马担任中书省平章政事期间，贪敛了大量的金银财宝。

申初三刻（15:45）阿合马也没怀疑

阿合马一听太子要回来，不敢怠慢，马上派遣右司郎中脱欢察儿骑马出城迎接太子。

中书省

忽必烈即位后，开始采用宋朝官制，之后设立中书省总理全国政务。中书省是元朝最高行政机构。

申正（16:00）去接太子

脱欢察儿带了一队人马，出城去迎接太子。

戌正（20:00）
可不能被他识破了

脱欢察儿等人往北走了十几里地，碰上了护送假太子回京的王著一伙人。

戌正一刻（20:15）
先下手为强

假太子找借口责备脱欢察儿等人无礼，趁机把他们全都杀了，避免露出破绽。

亥初二刻（21:30）
夜色让人发现不了破绽

王著一行人往南进入健德门。当时天色已晚，守城的士兵没有人敢问什么，这伙人畅通无阻，一直行到东宫的宫门前。

倒霉的脱欢察儿

事先准备好的大铜锤就藏在了王著的衣袖里

亥正（22:00）找个由头骂几句

在宫门前，假太子坐在马上，传唤平章政事阿合马来到马前，假意责骂他。

亥正一刻（22:15）为民除害

王著乘势把阿合马拉到一边，掏出袖子里藏着的铜锤，一下子砸碎了他的脑袋，阿合马当场毙命。

英勇就义

刺杀阿合马的事件发生之后，高和尚逃走了，王著挺身而出，要求官兵把自己囚禁。后来，高和尚在高梁河被抓。元世祖急忙从上都返京，命令逮捕涉事的人。督办此事的官员下令把王著、高和尚诛杀。

反转的结局

等到查明阿合马是个大奸臣之后，元世祖下令把阿合马的尸体从墓里面挖出来，抄家诛族。元世祖说，王著把阿合马杀了，的确是对的。

张汶祥的一天

张汶祥是清朝末年一个身份不详、背景神秘的人。1870年8月22日（同治九年七月二十六日），两江总督马新贻在总督府门前被人刺杀。此案疑雾重重，广为流传，成为晚清的四大奇案之一。据说是张汶祥所为。

肃静
回避
肃静
回避
肃静
马新贻
张汶祥
机会来了！
不准再往前走！
客栈
夫人，我卖的皮草是最好的！

朝廷要裁撤湘军

曾国藩统领的湘军在镇压太平天国的过程中逐步壮大，引起清朝政府忌惮，朝廷将曾国藩调离两江总督的职位，再派淮军出身的马新贻接任，负责裁撤湘军，并秘密调查湘军吞没太平天国金银财宝的事。

辰正二刻（8:30）看看大家的武艺

上午，马新贻例行到总督衙门西边去阅军，检阅官兵射箭。

兵与勇

兵是清代国家常备武装力量，包括八旗军和绿营军，是一种世袭职业。勇是军队临时招募的百姓，战事完毕后立即解散，勇不是国家的正式军队的兵员。

午初（11:00）
威风凛凛地回家

马新贻带着他的随从们步行从侧门回总督府。

午初二刻（11:30）
突发意外

当马新贻一行人走到官署侧门时，张汶祥从旁边突然冲出来，直扑马新贻。马新贻右肋中刀，当即倒在地上，被人迅速抬回总督府，次日他伤重不治身亡。

午初三刻（11:45）
杀了人也不跑

张汶祥杀人后并没有着急逃走，而是高喊：“杀人的是我张汶祥！”

原因猜测

正统的观点认为刺马案背后主使极有可能是湘军高层，与马新贻调查湘军吞没太平天国的金银财宝有关。马新贻被刺后，立即有“刺马案”戏文上演，大量的野史、笔记、小说、戏曲，多种版本的演绎，更是令“刺马案”真相扑朔迷离，无从考证。

刺马案之奇

首先，张汶祥刺杀马新贻后的表现让人称奇，能逃却不逃。

第二，案件受重视的程度令人称奇。慈禧太后亲自过问此案，多次派出重量级的钦差大臣审理此案，但递交的报告都不能让慈禧太后满意。

第三，案件审理的过程很漫长，总共用了一年零三个月。

第四，结案称得上是不了了之。案件最终为张汶祥定的是“漏网发逆”和“复通海盗”的罪名，将张汶祥处决。以一种最简单、疑点重重的罪名结案，令人称奇。

正是因为以上四个疑点的存在，张汶祥刺杀马新贻的案件被列为清末四大奇案之首。

刺马案的野史演义

结义

清朝同治年间，河南侠士张汶祥与安徽团练副使马新贻及武师曹二虎、石锦标四人结拜为兄弟。

见色忘义的大哥

曹二虎的妻子生得美貌动人，马新贻贪恋其美色，伺机杀了曹二虎，并霸占了他的妻子。

企图对兄弟赶尽杀绝

石锦标、张汶祥得知此事后怒火万丈，准备为义弟曹二虎报仇。马新贻闻讯，随即派人捕杀二人。张汶祥、石锦标连夜逃往他乡。

飞刀，又见飞刀

张汶祥结识了觉海寺武僧潮音大师，潮音大师擅长飞刀绝技，见张汶祥豪爽，破例教他掷飞刀的绝技。

送你两把柳叶飞刀

潮音大师在铁匠铺预订了一对柳叶飞刀，并赠予张汶祥。

将飞刀淬毒

张汶祥暗地里将一对飞刀涂上毒，包起来放到身上，准备向马新贻复仇。

复仇成功

石锦标打探到马新贻升任两江总督，并告诉了张汶祥。此后张汶祥潜伏在总督府周围，将锋利的柳叶飞刀插入马新贻胸口，马新贻当场毙命。

《清稗类钞》里有多种戏说

书中记录了张汶祥刺杀马新贻的三种动机，张汶祥为兄弟报仇只是其中说法之一。

第二种说法是张汶祥得知马新贻跟人造反，于是义愤填膺：“此等逆臣，吾必手刃之。”

第三种说法是张汶祥的典当行被马新贻下令关闭，他的老婆又自杀了，于是张汶祥迁怒于马新贻，酿成了命案。

古代计时方式

【古代十二时辰与现代24小时制对照图】

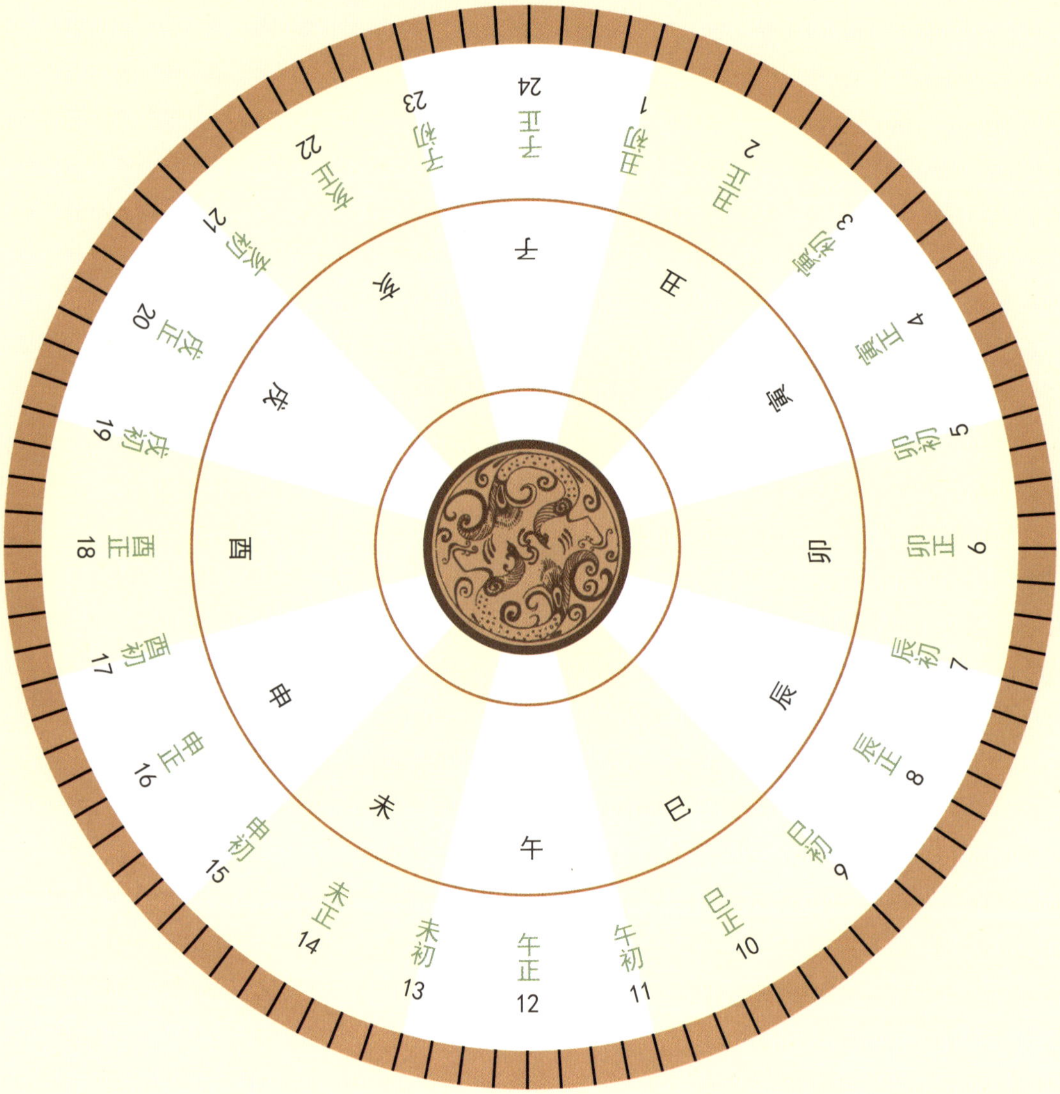

一刻等于十五分钟

约西周之前，把一天分为一百刻，后来又改百刻为九十六刻、一百零八刻、一百二十刻。所以不同时代每个时辰对应的刻度可能会有差别。《隋书·天文志》中记载，隋朝冬至前后，子时为二刻，寅时、戌时为六刻，卯时和酉时为十三刻。到了清代，官方正式将一天定为九十六刻，一个时辰（两个小时）分八刻，一小时为四刻，而一刻就是十五分钟，一直沿用至今。

时辰的划分

时辰是中国古代的计时方法。古人把一天分为十二个时辰，并用十二地支来表示时辰。如：子时（23:00 — 次日 1:00）、丑时（1:00 — 3:00），以此类推。到唐代以后，人们把一个时辰分为初、正两部分，细化了时间划分，方便了人们的生活。

晨钟暮鼓

古代城市实行宵禁，定时开关城门，在有的朝代，早晨开城门时会敲钟，晚上关城门的时候会击鼓。鼓响了之后，在城内、城外的人都要及时回家，不然城门一关就回不了家了。

立杆测影

这是人类较早使用的计时方式。用一根杆子直立在地上，观测阳光下投射的杆影，根据杆影的长短区分白天的不同时刻。也是最原始的计时方式。

圭表

商、周时期使用较多的计时方式，由圭和表两部分组成。这是一种通过测量日影计时的古代天文仪器，比在地上立根杆子要正规多了，缺点就是精度不高，而且在阴天和晚上没法用。

日晷

又称“日规”，利用太阳的投影方向来确定时刻。由晷针（表）和晷盘（带刻度的表座）组成。有地平式日晷和赤道式日晷。日晷的设计比圭表更为准确合理，但同样在阴天和晚上不能使用。

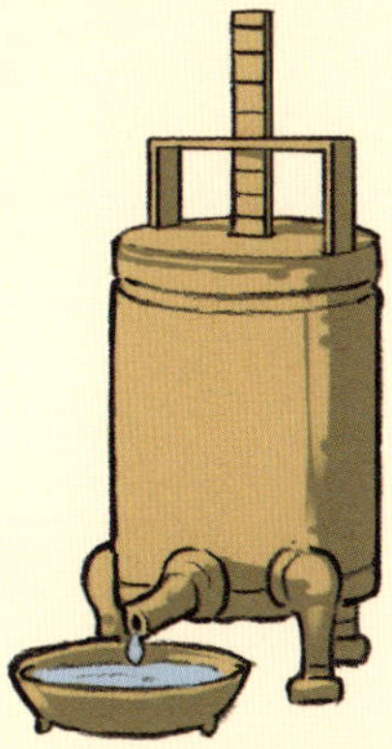

漏刻

也称箭漏。它是一种滴漏计时工具，在我国古代应用十分广泛。水流出或流入壶中时，带有刻度的箭杆会相应下沉或上升，通过箭杆上的刻度线来指示时刻。但是冬天气温低，水一结冰就不能使用了。

沙漏

因为冬天水会结冰，所以人们又想出用沙子来代替水，作为计时工具的动力源，于是发明出了沙漏。但沙漏计时有个缺陷，漏孔容易被沙子堵塞。

日本忍者

日本各地虽有诸多忍术流派，但追根究底，忍术的源头都要上溯到伊贺（三重县西北部）、甲贺（滋贺县南部）两地。两地的忍者祖出同缘，多是亲戚关系。但若彼此的雇主（主君）处于敌对关系，他们便不得不同室操戈，甚至兄弟阋墙。

忍者又分为上忍、中忍、下忍。上忍，专门策划整体作战步骤的忍者。中忍，忍术超然出众的指挥官。下忍，是在最前线作战的忍者，相当于特战部队。

忍者的装备

忍者五道

忍者五道指“食、香、药、气、体”。忍者须将自己和外界环境合二为一，以便更好地完成任务。所以他们通过忍者五道来完成日常的修行和锻炼。

食

注意饮食，保持体重，因为忍者不能太重。

香

就是通过改变气味，来达到掩盖身份的目的。

药

草药，可以治疗伤口。

气

通过养气来保持气定神闲，训练处变不惊的本领。

体

体能是完成任务的根本。

五行遁术

五行遁术指忍者任务完成撤离现场，或是任务失败之后逃命的各种办法。

金遁

利用忍刀的反光来逃逸。

水遁

从水路逃走。

火遁

利用烟火制造混乱，掩护自己撤离。

木遁

借用草木的掩护溜走。

土遁

借用地道逃离。

古今“侠客”装备对比

【古代侠客】

现代“侠客”

番外篇 侠客交流会

侠客一定要才多艺。我就是烤得一手好鱼，所以得到了刺杀的机会。
朱亥
我会杀猪算不算。
豫让
专诸

我是玩锤子的高手。
我也是玩锤子的，交流一下。
侠客必备的技能是易容术，易容漆可以帮你轻松实现。
朱亥
王著
豫让

要不要试试易容漆？
不需要！
锤子的使用技巧就是要出其不意……
豫让
朱亥
王著

要懂得近身搏杀，也要掌握远程击杀！
荆轲
张汶祥
老兄好像两样都不精呀。

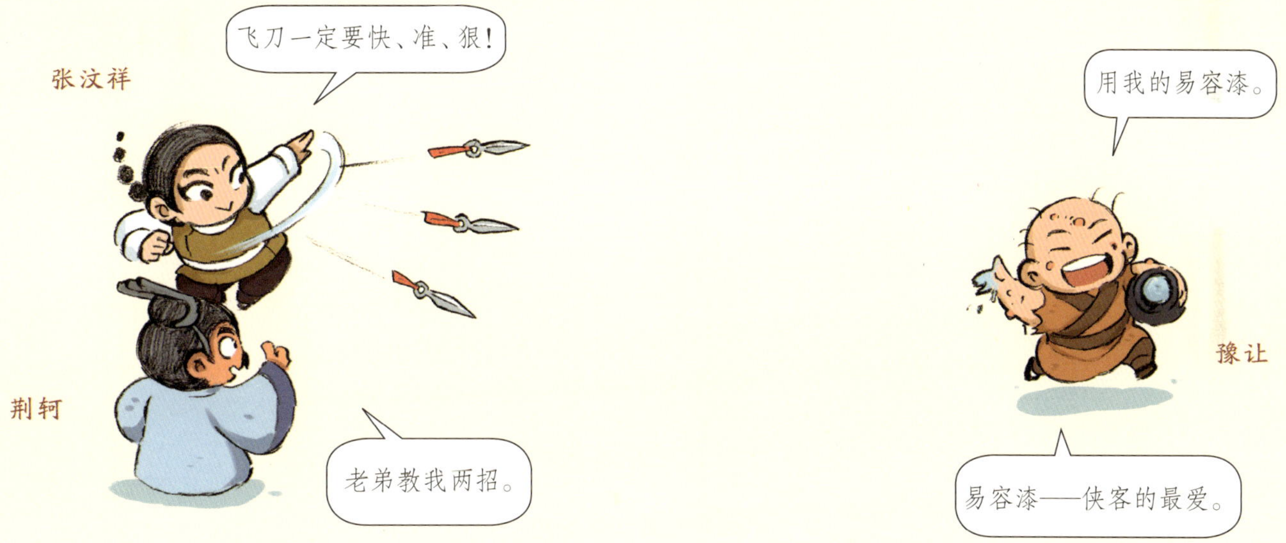
张汶祥
飞刀一定要快、准、狠！
荆轲
老弟教我两招。
用我的易容漆。
豫让
易容漆——侠客的最爱。

我亲手调配的易容漆，保证用了后连你老婆都不认得你。
张汶祥
豫让，你知道为什么赵襄子在桥上就发现你了吗？就是因为你的漆涂在身上味太大，隔老远就闻到了！
易
豫让
荆轲

侠客的一天
参考文献

[汉] 司马迁《史记》
[明] 宋濂等《元史》
[汉] 赵晔《吴越春秋》
[明] 冯梦龙《东周列国志》
[清] 徐珂《清稗类钞》
钟敬文《中国民俗史·宋辽金元卷》人民出版社
沈从文《中国古代服饰研究》商务印书馆
刘永华《中国古代军戎服饰》清华大学出版社
刘永华《中国历代服饰集萃》清华大学出版社
刘永华《中国古代车舆马具》清华大学出版社
林永匡《清代衣食住行》中华书局
韩志远《元代衣食住行》中华书局
王其钧《古建筑日读》中华书局
李乾朗《穿墙透壁 剖视中国经典古建筑》广西师范大学出版社
侯幼彬，李婉贞《中国古代建筑历史图说》中国建筑工业出版社
[日] 黑井宏光《忍者大揭秘》东方出版社